Robin Hill School
BOOK 5

The Playground Problem

STORY BOOK

written by Margaret McNamara
illustrated by Mike Gordon

The Playground Problem

Robin Hill School
BOOK 5

For information about permission, write to team@ltinc.net

ISBN 979-11-93992-04-3

Longtail Books

Robin Hill School BOOK 5

The Playground Problem

written by Margaret McNamara

illustrated by Mike Gordon

Long tail Books

Monday was a sunny day.

It was recess.
Mrs. Connor's first-grade
class was on
the playground.

The boys were playing soccer.

"Hey!" called Emma.

"May I play?"

"No," said Nick.

"No," said Jamie.

"No," said Reza.

"We do not want you
to play with us,"
said Nick.

"Why not?" asked Emma.
"Because you are a girl,"
said Reza. "And girls
do not play soccer."

Emma was mad.

Emma was
very mad.

Emma was
FURIOUS.

That night she told her dad
all about the boys.

He helped her
figure out a plan.

On Tuesday
the girls ran out
to the playground.

They had a soccer ball.
They played soccer.

"Hey!" said Reza.
"The girls can play soccer."
"They are pretty good,"
  said Nick.

16

"They are very good,"
said Jamie. "Emma! Come
and join the boys' team."

"No," said Emma.
"I do not want to play
on a team with just boys."

"Why not?" asked Nick.
"Figure it out," said Emma.

On Wednesday
it rained and rained.

The girls played
at the activity table.

The boys sat
and stared at the rain.

"What are they doing?"
asked Katie.
"They are figuring
it out," said Emma.

On Thursday
it was sunny again.
The girls were
scoring goals.

"Hey, Emma!" said Reza.
"We figured it out."

"Boys and girls
can play together,"
said Jamie.

"They can play
on the same team,"
said Reza.
"We got it," said Nick.

From then on,
the boys and girls played
together.

Sometimes they played
really well together.

Sometimes they had fights.

"I figure that
   playing together makes us
   the best team
   we can be," said Reza.

And he was right.

Welcome to the world of Robin Hill School, full of surprise and fun!

There is a problem on the playground! The boys will not let the girls play soccer with them during recess. Emma is furious! So she figures out a plan to get them to change their minds. And in the end they all learn that the best teams are the ones that everyone gets to play on!

The Playground Problem

Robin Hill School BOOK 5

· 영어 원서 & 워크북 ·

지은이 마거릿 맥나마라 · 성기홍
그림 마이크 고든

이 책은 이렇게 만들었어요!

"
이 책은 **영어 원서(별책)**,
그리고 영어 원서에 기반한 단어·쓰기 활동들을 담은
워크북(본책)으로 구성되어 있습니다.
먼저 원서를 통해 미국 초등학교를 배경으로 펼쳐지는
톡톡 튀는 이야기를 재미있게 읽고,
워크북을 통해 단계별로 차근차근 공부해 보세요!
"

 원서의 구성

별책으로 분리해서 가볍게 읽을 수 있는 영어 원서!
가독성을 위해 수입 원서의 판형을 시원하게 키우면서,
알록달록하고 개성 있는 일러스트는 그대로 유지했습니다.

 **워크북의 구성**

원서의 한국어 번역과 함께, 혼자서도 차근차근 공부할 수 있도록
다양한 단어·쓰기 활동들을 단계별로 담았습니다.

한국어 번역 `p.5~32`

워크북에 담긴 한국어 번역의 페이지 번호는 영어 원서와
동일하게 유지했고, 최대한 직역에 가깝게 번역했습니다.
원서를 읽다가 이해가 가지 않는 부분이 있으면,
워크북의 같은 페이지를 펼쳐서 번역을 확인해 보세요!

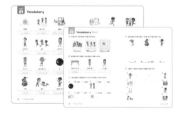

Vocabulary & Vocabulary Quiz `p.34~37`

원서에서 선별한 핵심 단어들을 아기자기한 일러스트와 함께
확인하고, 직접 따라 쓰면서 공부해 보세요. 이어서 다양한
단어 퀴즈들을 통해 앞에서 공부한 단어들을 복습할 수 있습니다.

Let's Practice! `p.38~53`

원서에서 선별한 핵심 문장들을 통해 총 8가지 문장 패턴을
학습할 수 있습니다. 추가로 제공되는 단어·표현들을 가지고
패턴 문장들을 응용해서 써 보고, 받아쓰기로 마무리해 보세요!

Let's Fill In! p.54~61

앞에서 공부한 패턴 문장들로 이루어진 다양한 글들의 빈칸을
채워 보세요. 지문의 종류는 일기, 편지, 문자 등으로
이루어져 있어서 손쉬운 실생활 적용이 가능합니다.

Let's Write! p.62~65

패턴 문장들로 이루어진 글들을 그대로 따라 쓰면서
긴 호흡의 글쓰기를 연습해 보세요. 지문의 내용은 영어 원서와
자연스럽게 연결되어 있어서 흥미를 잃지 않을 수 있습니다.

My Diary p.66

마지막 총 정리의 시간! 앞에서 공부한 패턴 문장들,
그리고 다채롭게 주어진 힌트들을 가지고 나만의 일기를 완성해 보세요.

Fun Fact p.67

주어진 활동들을 모두 마쳤다면, 원서의 내용과 관련된
미국 초등학교 생활에 관한 흥미로운 정보를 읽어 보세요.
원서의 줄거리를 떠올리면서 미국 현지 문화를 자연스럽게 엿볼 수 있습니다.

Answers p.68~70

워크북의 맨 끝에는 앞에서 공부한 활동들의 정답을 담았습니다.
영어 실력을 얼마나 쌓았는지 확인해 보세요!

추천 진도표 ✏️

QR 코드를 인식해서 효린파파 선생님이 직접 작성한 진도표를 다운받아 보세요!

「로빈 힐 스쿨」을 효과적으로 활용해서 공부할 수 있도록, 원서와 워크북의 학습 요소들을
10일 분량으로 나눈 추천 진도표를 PDF 파일로 제공합니다.

월요일은 화창한 날이었습니다.

쉬는 시간이었어요.
코너 선생님의
1학년 반 아이들은
운동장에 있었습니다.

남자아이들은 축구를 하고 있었어요.

"애들아!" 엠마가 소리쳤습니다.

"나도 같이 해도 돼?"

"안 돼." 닉이 말했습니다.

"안 되는데." 제이미가 말했어요.

"안 되지." 레자도 말했어요.

8

"우리는 네가 우리와 함께

축구를 하는 것을 원하지 않아."

닉이 말했습니다.

"왜 안 돼?" 엠마가 물었습니다.

"왜냐하면 너는 여자니까."

레자가 말했습니다. "그리고 여자아이들은

축구를 하지 않아."

엠마는 화가 났습니다.

엠마는 화가

많이 났습니다.

엠마는 화가

아주 많이 났습니다.

그날 밤 엠마는 자신의 아빠에게
그 남자아이들에 대해 전부 이야기했습니다.

엠마의 아빠는 엠마가

작전을 생각해 내는 것을 도와주었습니다.

화요일에

여자아이들은

운동장으로 뛰쳐나갔어요.

여자아이들에게는 축구공이 있었습니다.

그리고 그들은 축구를 했습니다.

"애들아!" 레자가 말했습니다.

"여자아이들도 축구를 할 수 있어."

"그런데 꽤 잘하네."

닉이 말했어요.

"여자아이들이 아주 잘하는 걸."

제이미가 말했습니다.

"엠마! 여기 와서 남자 팀에서 같이 뛰자."

"싫어." 엠마가 말했습니다.

"나는 남자아이들만 있는 팀에서

축구를 하고 싶지 않아."

"왜 싫은데?" 닉이 물었습니다.

"알아서 생각해 봐." 엠마가 말했습니다.

수요일에는

비가 내리고 또 내렸습니다.

여자아이들은

모둠 활동 책상에서 놀았어요.

남자아이들은 앉아서
멍하니 비를 바라보았습니다.

"남자아이들은 뭘 하고 있어?"

케이티가 물었습니다.

"저 아이들은 생각하는 중이야."

엠마가 말했습니다.

목요일에는

날이 다시 화창했습니다.

여자아이들은

골을 넣고 있었습니다.

"저기, 엠마!" 레자가 말했습니다.

"우리가 알아냈어."

"남자아이들과 여자아이들은
함께 축구를 할 수 있어."
제이미가 말했습니다.

"남자들과 여자들은
같은 팀에서 뛸 수 있어."
레자가 말했습니다.
"우리도 이제 알아." 닉이 말했어요.

그날 이후로,

남자아이들과 여자아이들은

함께 축구를 했습니다.

가끔 아이들은 아주 멋지게
축구를 같이 하기도 했습니다.

가끔은 다투기도 했어요.

"내 생각에는

다 같이 축구를 하는 것이

우리를 최고의 팀으로

만들어 주는 것 같아." 레자가 말했습니다.

그리고 레자는 옳았습니다.

Activities

Emma의 이야기는
재미있게 읽었나요?

★ ★ ★

이제 Emma의 이야기에 기반해서

여섯 파트로 이루어진

다양한 활동들을 준비했어요.

단어장부터 문장·문단 쓰기까지,

차근차근 따라서 공부하다 보면

어느새 나만의 글을 쓸 수 있을 거예요.

QR 코드를 인식해서,
앞에서 읽은 이야기를 떠올리면서
원서 오디오북을 다시 한번 들어 보세요!

PART 01

Vocabulary

화창한	쉬는 시간	운동장
sunny	recess	playground

남자아이	축구	여자아이
boy	soccer	girl

화가 난	몹시 화가 난	밤
mad	furious	night

아빠	돕다	생각해 내다
dad	help	figure out

작전, 계획

plan

뛰다, 달리다
(과거형 ran)

run

같이 하다

join

팀

team

비가 오다

rain

책상, 탁자

table

앉다
(과거형 sat)

sit

응시하다, 빤히 쳐다보다

stare

득점하다

score

같은

same

싸움, 다툼

fight

최고의, 가장 좋은

best

A 빈칸을 채워 그림에 알맞은 단어를 완성해 보세요.

t_e_a_m

so_____r

s_____e

B 알파벳을 바르게 배열하여 그림에 알맞은 단어를 써 보세요.

b e l t a

table

d a m

r i g l

C 그림에 알맞은 단어를 골라 ✔ 표시하고, 칸에 맞춰 다시 한번 써 보세요.

① ☑ night ☐ might

② ☐ hight ☐ fight

③ ☐ plan ☐ glan

④ ☐ sonny ☐ sunny

D 그림에 알맞은 단어를 연결하고, 빈칸을 채워 단어를 완성해 보세요.

r _a_ i n   fi _ _ _ _ e out   d _ _ _

E 그림을 보고 알맞은 단어를 넣어 퍼즐을 완성해 보세요.

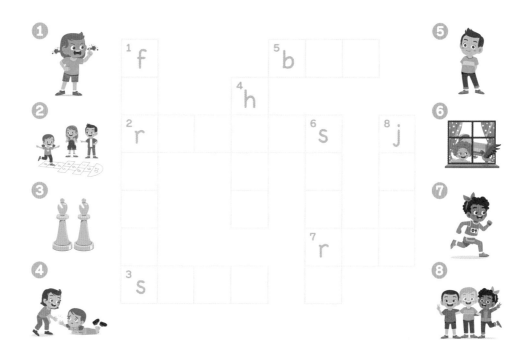

Let's Practice!

A 다음 문장을 소리 내어 읽고, 차근차근 따라 써 보세요.

Monday was a sunny day.

월요일은 화창한 날이었어요.

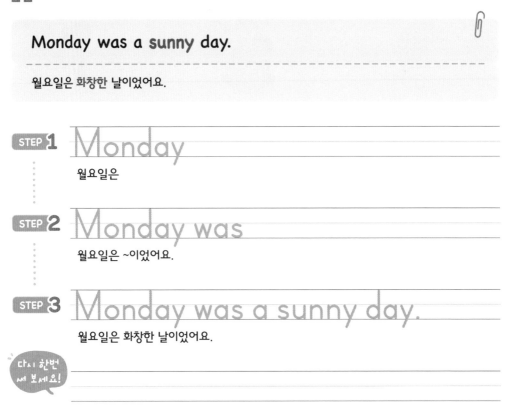

STEP 1 Monday

월요일은

STEP 2 Monday was

월요일은 ~이었어요.

STEP 3 Monday was a sunny day.

월요일은 화창한 날이었어요.

다시 한번 써 보세요!

B QR 코드를 인식해서, 주어진 단어를 듣고 한 번씩 따라 써 보세요. 🎧

① cloudy 구름이 많은

cloudy

② windy 바람이 부는

windy

③ warm 따뜻한

warm

④ cold 추운

cold

C 주어진 단어를 사용해서 문장을 따라 쓰고 완성해 보세요.

1 목요일은 바람이 부는 날이었어요.　　　　　　　　　　　windy

Thursday was a windy day.

2 일요일은 따뜻한 날이었어요.　　　　　　　　　　　　　warm

Sunday was

3 금요일은 구름이 많은 날이었어요.　　　　　　　　　　cloudy

Friday

4 수요일은 추운 날이었어요.　　　　　　　　　　　　　cold

Wednesday

D QR 코드를 인식해서, 문장을 듣고 받아 써 보세요. 🎧

1

2

PART 03 Let's Practice!

A 다음 문장을 소리 내어 읽고, 차근차근 따라 써 보세요.

It was recess.

쉬는 시간이었어요.

STEP **1** It

그때는

STEP **2** It was

그때는 ~이었어요.

STEP **3** It was recess.

쉬는 시간이었어요.

다시 한번
써 보세요!

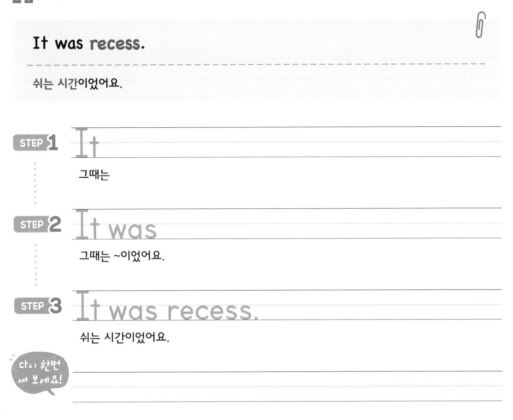

B QR 코드를 인식해서, 주어진 표현을 듣고 한 번씩 따라 써 보세요. 🎧

1 playtime   놀이 시간

playtime

2 lunch break   점심시간

lunch break

3 snack time   간식 시간

snack time

4 after school   방과 후

after school

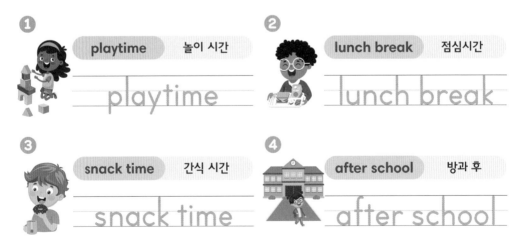

C 주어진 표현을 사용해서 문장을 따라 쓰고 완성해 보세요.

1 간식 시간이었어요. snack time

It was snack time.

2 놀이 시간이었어요. playtime

It was

3 방과 후였어요. after school

It

4 점심시간이었어요. lunch break

It

D QR 코드를 인식해서, 문장을 듣고 받아 써 보세요. 🎧

1

2

Let's Practice!

A 다음 문장을 소리 내어 읽고, 차근차근 따라 써 보세요.

The class was on the playground.

반 아이들은 운동장에 있었어요.

STEP 1 The class

반 아이들은

STEP 2 The class was

반 아이들은 ~에 있었어요.

STEP 3 The class was on the playground.

반 아이들은 운동장에 있었어요.

다시 한번 써 보세요!

B QR 코드를 인식해서, 주어진 표현을 듣고 한 번씩 따라 써 보세요. 🎧

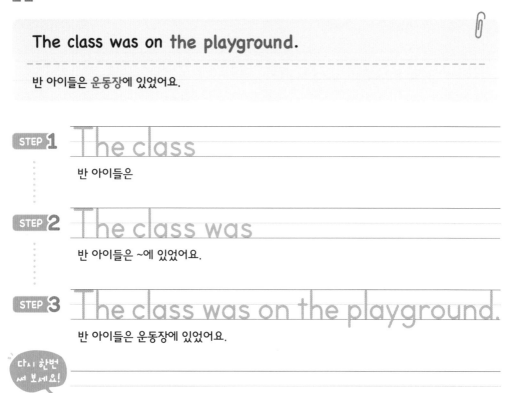

1 school lawn 학교 잔디밭
school lawn

2 soccer field 축구장
soccer field

3 basketball court 농구장
basketball court

C 주어진 표현을 사용해서 문장을 따라 쓰고 완성해 보세요.

1 반 아이들은 학교 잔디밭에 있었어요.　　　　the school lawn

The class was on the

school lawn.

2 반 아이들은 농구장에 있었어요.　　　　the basketball court

The class was

3 반 아이들은 축구장에 있었어요.　　　　the soccer field

The class

D QR 코드를 인식해서, 문장을 듣고 받아 써 보세요. 🎧

Let's Practice!

A 다음 문장을 소리 내어 읽고, 차근차근 따라 써 보세요.

> **They were playing soccer.**
> --------
> 그들은 축구를 하고 있었어요.

STEP 1 They

그들은

STEP 2 They were playing

그들은 ~을 하고 있었어요.

STEP 3 They were playing soccer.

그들은 축구를 하고 있었어요.

다시 한번
써 보세요!

B QR 코드를 인식해서, 주어진 단어를 듣고 한 번씩 따라 써 보세요. 🎧

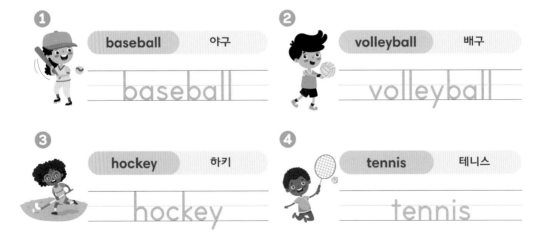

1 baseball 야구

baseball

2 volleyball 배구

volleyball

3 hockey 하키

hockey

4 tennis 테니스

tennis

C 주어진 단어를 사용해서 문장을 따라 쓰고 완성해 보세요.

1 그들은 배구를 하고 있었어요.   volleyball

They were playing volleyball.

2 우리는 하키를 하고 있었어요.   hockey

We were

3 그들은 야구를 하고 있었어요.   baseball

They

4 우리는 테니스를 하고 있었어요.   tennis

We

D QR 코드를 인식해서, 문장을 듣고 받아 써 보세요.

1

2

Let's Practice!

A 다음 문장을 소리 내어 읽고, 차근차근 따라 써 보세요.

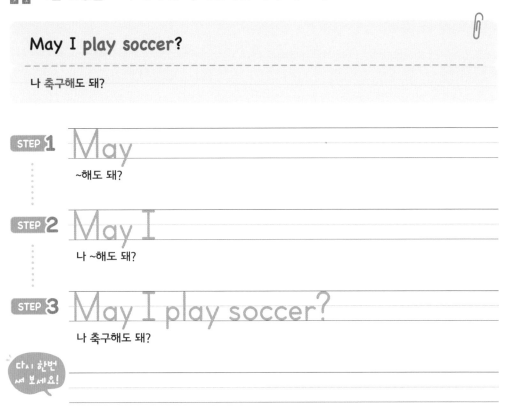

📎

May I play soccer?

- -

나 축구해도 돼?

STEP 1 May

~해도 돼?

STEP 2 May I

나 ~해도 돼?

STEP 3 May I play soccer?

나 축구해도 돼?

다시 한번
써 보세요!

B QR 코드를 인식해서, 주어진 표현을 듣고 한 번씩 따라 써 보세요. 🎧

1 come 오다

come

2 go out 밖으로 나가다

go out

3 join 같이 하다

join

4 watch TV TV를 보다

watch TV

C 주어진 표현을 사용해서 문장을 따라 쓰고 완성해 보세요.

1 나 TV 봐도 돼?
watch TV

May I watch TV?

2 나 와도 돼?
come

May I

3 나 같이 해도 돼?
join

May

4 나 밖으로 나가도 돼?
go out

May

D QR 코드를 인식해서, 문장을 듣고 받아 써 보세요. 🎧

1

2

Let's Practice!

A 다음 문장을 소리 내어 읽고, 차근차근 따라 써 보세요.

He helped her figure out a plan.

그는 그녀가 작전을 생각해 내는 것을 도와주었어요.

STEP 1 He helped

그는 도와주었어요.

STEP 2 He helped her

그는 그녀를 도와주었어요.

STEP 3 He helped her figure out a plan.

그는 그녀가 작전을 생각해 내는 것을 도와주었어요.

다시 한번
써 보세요!

B QR 코드를 인식해서, 주어진 표현을 듣고 한 번씩 따라 써 보세요. 🎧

1 score a goal 골을 넣다

score a goal

2 put on a coat 외투를 입다

put on a coat

3 do the laundry 빨래를 하다

do the laundry

4 clean the room 방을 치우다

clean the room

C 주어진 표현을 사용해서 문장을 따라 쓰고 완성해 보세요.

1 나는 그녀가 외투를 입는 것을 도와주었어요.　　　　　put on a coat

I helped her put on a coat.

2 우리는 그녀가 방을 치우는 것을 도와주었어요.　　　　　clean the room

We helped

3 나는 그녀가 골을 넣는 것을 도와주었어요.　　　　　score a goal

I

4 그들은 그녀가 빨래를 하는 것을 도와주었어요.　　　　　do the laundry

They

D QR 코드를 인식해서, 문장을 듣고 받아 써 보세요. 🎧

1

2

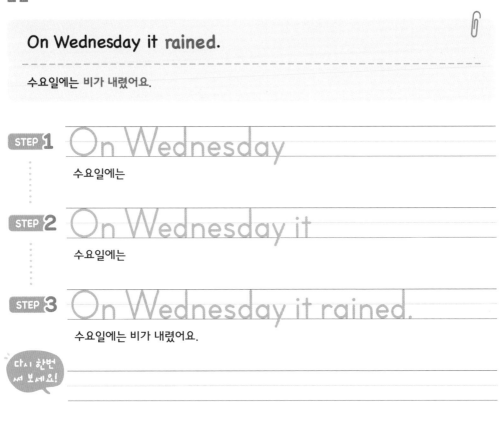

A 다음 문장을 소리 내어 읽고, 차근차근 따라 써 보세요.

On Wednesday it rained.

수요일에는 비가 내렸어요.

STEP 1 On Wednesday

수요일에는

STEP 2 On Wednesday it

수요일에는

STEP 3 On Wednesday it rained.

수요일에는 비가 내렸어요.

다시 한번 써 보세요!

B QR 코드를 인식해서, 주어진 단어를 듣고 한 번씩 따라 써 보세요.

❶ snowed 눈이 내렸다

snowed

❷ hailed 우박이 내렸다

hailed

❸ drizzled 보슬비가 내렸다

drizzled

❹ stormed 폭풍이 불었다

stormed

C 주어진 단어를 사용해서 문장을 따라 쓰고 완성해 보세요.

1 월요일에는 우박이 내렸어요. `hailed`

On Monday it hailed.

2 토요일에는 보슬비가 내렸어요. `drizzled`

On Saturday it

3 금요일에는 눈이 내렸어요. `snowed`

On Friday

4 화요일에는 폭풍이 불었어요. `stormed`

On Tuesday

D QR 코드를 인식해서, 문장을 듣고 받아 써 보세요.

1

2

Let's Practice!

A 다음 문장을 소리 내어 읽고, 차근차근 따라 써 보세요.

They stared at the rain.

그들은 비를 바라보았어요.

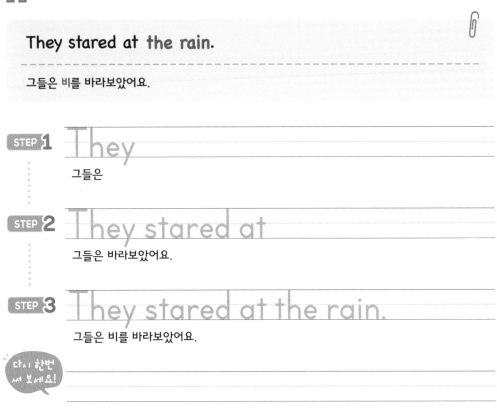

STEP 1 They

그들은

STEP 2 They stared at

그들은 바라보았어요.

STEP 3 They stared at the rain.

그들은 비를 바라보았어요.

다시 한번 써 보세요!

B QR 코드를 인식해서, 주어진 단어를 듣고 한 번씩 따라 써 보세요.

1 sky 하늘

sky

2 cloud 구름

cloud

3 rainbow 무지개

rainbow

4 snowman 눈사람

snowman

C 주어진 표현을 사용해서 문장을 따라 쓰고 완성해 보세요.

1 나는 무지개를 바라보았어요.   the rainbow

I stared at the rainbow.

2 그녀는 구름을 바라보았어요.   the cloud

She stared at

3 나는 눈사람을 바라보았어요.   the snowman

I

4 그는 하늘을 바라보았어요.   the sky

He

D QR 코드를 인식해서, 문장을 듣고 받아 써 보세요. 🎧

1

2

Let's Fill In!

A 에 주어진 표현을 사용해서 Emma의 하루를 완성해 보세요.

보기

playtime
Friday
score a goal
hockey
warm
join

_____Friday_____ **was a _____ day.**

금요일은 따뜻한 날이었어요.

It was _____.

놀이 시간이었어요.

The children were playing _____ on the playground.

아이들은 운동장에서 하키를 하고 있었어요.

"May I _____?" asked Emma.

"나도 같이 해도 돼?" 엠마가 물었어요.

"Sure!" said Katie with a big smile.

"물론이지!" 케이티가 활짝 웃으면서 말했습니다.

Soon, Emma helped her _____.

곧, 엠마는 케이티가 골을 넣는 것을 도와주었어요.

왼쪽에 있는 Emma의 하루를 보고, '나'의 일기로 바꿔 써 보세요.

잘 생각이 나지 않으면 아래의 우리말 힌트를 참고해도 좋아요.

Title: Playing Hockey

☺ April 22nd, Friday

Friday [was] a warm day.

[ ] [ ] Playtime.

My classmates [ ] [ ]

hockey on the playground.

" [ ] [ ] join?" I asked.

"Sure!" said Katie with a big smile.

Soon, [ ] [ ] her score a goal.

우리말 힌트

금요일은 따뜻한 날이었다. 놀이 시간이었다. 내 반 친구들은 운동장에서 하키를 하고 있었다. "나도 같이 해도 돼?" 내가 물었다. "물론이지!" 케이티가 활짝 웃으면서 말했다. 곧, 나는 케이티가 골을 넣는 것을 도와주었다.

Let's Fill In!

 A 보기에 주어진 표현을 사용해서 Emma의 하루를 완성해 보세요.

보기

drizzled
lunch break
the school lawn
cloudy
sky
Monday

_____ was a _____ day.

월요일은 구름이 많은 날이었어요.

It was _____.

점심시간이었습니다.

The class was on _____.

반 아이들은 학교 잔디밭에 있었어요.

Emma stared at the gray _____.

엠마는 회색 하늘을 바라보았어요.

Suddenly, it _____!

갑자기, 보슬비가 내렸어요!

Everyone went inside.

모두가 안으로 들어갔습니다.

B 왼쪽에 있는 Emma의 하루를 보고, 보기 에 주어진 표현을 사용해서 Emma가 아빠에게 쓴 편지를 완성해 보세요.

보기   stared at | it was | our class | it | do the laundry | was

Dear Dad,

Today [was] a cloudy day.

오늘은 구름이 많은 날이었어요.

[   ] lunch break, and [   ]

was on the school lawn.

점심 시간이었고, 저희 반 아이들은 학교 잔디밭에 있었어요.

I [   ] the gray sky.

저는 회색 하늘을 바라보았죠.

Suddenly, [   ] drizzled!

갑자기, 보슬비가 내렸어요!

Everyone went inside, but my clothes got wet.

모두가 안으로 들어갔지만, 제 옷들이 젖었어요.

I will help you [   ].

제가 아빠가 빨래하는 것을 도와드릴게요.

Love, Emma

Let's Fill In!

A 보기 에 주어진 표현을 사용해서 Emma의 하루를 완성해 보세요.

보기

put on a coat
rained
go out
the rainbow
Tuesday

On _____ it _____.

화요일에는 비가 내렸어요.

In the afternoon, the rain stopped.

오후에, 비가 그쳤습니다.

Emma stared at _____.

엠마는 무지개를 바라보았어요.

It was sunny again, and Emma wanted to play outside.

날이 다시 화창했고, 엠마는 밖에서 놀고 싶었어요.

"May I _____?" asked Emma.

"저 나가도 돼요?" 엠마가 물었어요.

"Of course!" said her dad.

"물론이지!" 엠마의 아빠가 말했어요.

He helped her _____.

엠마의 아빠는 엠마가 외투를 입는 것을 도와주었어요.

B 왼쪽에 있는 Emma의 하루를 보고, '나'의 일기로 바꿔 써 보세요.

잘 생각이 나지 않으면 아래의 우리말 힌트를 참고해도 좋아요.

Title: No More Rain!   ☺ November 4th, Tuesday

☐ Tuesday it rained.

☐ ☐ ☐ ,

the rain stopped.

I stared ☐ the rainbow.

It was sunny again, and I wanted to

Play outside.

" ☐ ☐ go out?" I asked.

"Of course!" said Dad.

☐ ☐ ☐ Put on a coat.

우 리 말 힌 트

화요일에는 비가 내렸다. 오후에, 비가 그쳤다. 나는 무지개를 바라보았다. 날이 다시 화창
했고, 나는 밖에서 놀고 싶었다. "저 나가도 돼요?" 내가 물었다. "물론이지!" 아빠가 말씀
하셨다. 아빠는 내가 외투를 입는 것을 도와주셨다.

Let's Fill In!

 A 보기 에 주어진 단어를 사용해서 Emma의 하루를 완성해 보세요.

보기

snowed

cold

the snowman

Saturday

excited

On _____ it _____.

토요일에는 눈이 내렸어요.

It was a _____ day.

추운 날이었어요.

Emma and her brother Sam went out to the yard.

엠마와 엠마의 남동생 샘은 마당으로 나갔습니다.

Emma was _____.

엠마는 신이 났어요.

Sam helped her build a snowman.

샘은 엠마가 눈사람을 만드는 것을 도와주었어요.

Happily, they stared at _____.

행복하게, 엠마와 샘은 그 눈사람을 바라보았어요.

B 왼쪽에 있는 Emma의 하루를 보고, 보기 에 주어진 표현을 사용해서 Emma와 John 삼촌의 문자 대화를 완성해 보세요.

보기   stared at | it | the yard | helped me | it was | happy

Uncle John

Uncle John **How was your weekend?** 네 주말은 어땠니?

On Saturday   it   snowed, and _____ **a cold day.**

토요일에는 눈이 내렸고, 추운 날이었어요.

Sam and I went out to _____.

샘과 저는 마당으로 나갔어요.

Emma

Uncle John **Oh, what did you do?** 오, 너희는 무엇을 했니?

Sam _____ **build a snowman.**

샘이 제가 눈사람을 만드는 것을 도와주었어요.

Later, we _____ **the snowman.**

나중에, 저희는 그 눈사람을 바라보았어요.

We were very _____. 저희는 아주 행복했어요.

Emma

Uncle John **Sounds exciting!** 재밌었겠구나!

PART 05 Let's write!

A 앞에서 공부한 내용을 떠올리면서, Emma의 친구 Katie의 하루를 따라 써 보세요.

1 목요일은 바람이 부는 날이었어요.

Thursday was a windy day.

2 방과 후였습니다.

It was after school.

3 아이들은 운동장에 있었어요.

The children were on the playground.

4 그들은 배구를 하고 있었어요.

They were playing volleyball.

⑤ "우리는 아주 멋지게 배구를 같이 해!" 케이티가 말했어요.

"We play really well together!"

said Katie.

⑥ "네 말이 맞아!" 엠마가 말했어요.

"You're right!" said Emma.

⑦ 케이티와 엠마는 함께 미소를 지었습니다.

Katie and Emma smiled together.

Let's Write!

B 앞에서 공부한 내용을 떠올리면서, Emma의 친구 Reza의 하루를 따라 써 보세요.

① 일요일에는 우박이 내렸어요.

On Sunday it hailed.

② 레자는 어두운 색의 구름을 바라보았습니다.

Reza stared at the dark cloud.

③ 레자는 심심했어요.

He was bored.

④ "저 TV 봐도 돼요?" 레자가 물었어요.

"May I watch TV?" asked Reza.

⑤ "음, 그래." 레자의 아빠가 말했어요.

"Well, yes," said his dad.

⑥ "고마워요!" 레자가 말했습니다.

"Thank you!" said Reza.

⑦ 나중에, 레자는 자신의 아빠가 방을 치우는 것을 도와드렸어요.

Later, Reza helped his dad clean the room.

나의 일기에 사용할 표현을 네 개 골라 ◯ 표시하고, 고른 표현들을 사용해서
그림 일기를 완성해 보세요.

Expression Box

❶	❷	❸	❹
hot 더운	the library 도서관	reading books 책을 읽다	carry a book 책을 들다
chilly 쌀쌀한	the art room 미술실	drawing pictures 그림을 그리다	mix colors 색을 섞다
foggy 안개가 낀	the cafeteria 학생 식당	having snacks 간식을 먹다	clean the table 식탁을 치우다

Date: Weather: ☀   ☂ ❄

엉뚱하고
재미있는 글이
되어도 좋아요.

Wednesday was a ¹   day.

Our class was at ²   .

We were ³   .

I helped my friend ⁴   .

FUN FACT

축구: 공과 함께하는 즐거운 운동 경기

축구 경기는 즐거움과 에너지로 가득 차 있어요.
여러분은 커다란 초록색 경기장에서 둥글고 통통 튀는
공을 가지고 축구를 해요. 축구 경기에는 두 팀이
참여하는데, 각 팀은 상대 팀의 골대로 공을 차 넣으려고
한답니다. 공을 움직이기 위해 발이나 머리를 사용하는
것은 괜찮지만, 손을 사용하면 안 돼요.
각 팀에는 골대 앞에서 공을 막는 역할을 하는 골키퍼도
있어요. 이제 여러분의 신발 끈을 단단히 묶고,
축구 경기를 위한 준비를 해 보아요!

Answers

PART 02 Vocabulary Quiz

36p

A team / soccer / score

B table / mad / girl

C 1 ☑ night　　☐ might
　　2 ☐ hight　　☑ fight
　　3 ☑ plan　　☐ glan
　　4 ☐ sonny　　☑ sunny

37p

D

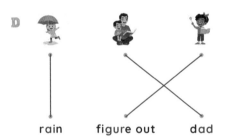

rain　　figure out　　dad

E

¹f			⁵b	o	y		
u		⁴h					
²r	e	c	e	s	⁶s		⁸j
i		l			t		o
o		p			a		i
u				⁷r	u	n	
³s	a	m	e		e		

PART 03 Let's Practice!

39p

C 2 Sunday was a warm day.
　　3 Friday was a cloudy day.
　　4 Wednesday was a cold day.

D 1 Sunday was a cloudy day.
　　2 Monday was a warm day.

41p

C 2 It was playtime.
　　3 It was after school.
　　4 It was lunch break.

D 1 It was playtime.
　　2 It was after school.

43p

C 2 The class was on the basketball court.
　　3 The class was on the soccer field.

D The class was on the school lawn.

45p

C 2 We were playing hockey.
　　3 They were playing baseball.
　　4 We were playing tennis.

D 1 We were playing baseball.
　　2 They were playing hockey.

47p

C 2 May I come?
　　3 May I join?
　　4 May I go out?

D 1 May I come?
　　2 May I go out?

49p

C 2 We helped her clean the room.

3 I helped her score a goal.

4 They helped her do the laundry.

D 1 I helped her do the laundry.

2 They helped her clean the room.

51p

C 2 On Saturday it drizzled.

3 On Friday it snowed.

4 On Tuesday it stormed.

D 1 On Wednesday it snowed.

2 On Saturday it stormed.

53p

C 2 She stared at the cloud.

3 I stared at the snowman.

4 He stared at the sky.

D 1 I stared at the cloud.

2 She stared at the snowman.

PART 04 Let's Fill In!

54p

A Friday was a warm day.

It was playtime.

The children were playing hockey on the playground.

"May I join?" asked Emma.

"Sure!" said Katie with a big smile.

Soon, Emma helped her score a goal.

55p

B Friday was a warm day.

It was playtime.

My classmates were playing hockey on the playground.

" May I join?" I asked.

"Sure!" said Katie with a big smile.

Soon, I helped her score a goal.

56p

A Monday was a cloudy day.

It was lunch break.

The class was on the school lawn.

Emma stared at the gray sky.

Suddenly, it drizzled!

Everyone went inside.

Answers

57p

B Dear Dad,

Today was a cloudy day.

It was lunch break, and our class was on the school lawn.

I stared at the gray sky.

Suddenly, it drizzled!

Everyone went inside, but my clothes got wet.

I will help you do the laundry .

Love, Emma

58p

A On Tuesday it rained.

In the afternoon, the rain stopped.

Emma stared at the rainbow.

It was sunny again, and Emma wanted to play outside.

"May I go out?" asked Emma.

"Of course!" said her dad.

He helped her put on a coat.

59p

B On Tuesday it rained.

In the afternoon , the rain stopped.

I stared at the rainbow.

It was sunny again, and I wanted to play outside.

" May I go out?" I asked.

"Of course!" said Dad.

He helped me put on a coat.

60p

A On Saturday it snowed.

It was a cold day.

Emma and her brother Sam went out to the yard.

Emma was excited.

Sam helped her build a snowman.

Happily, they stared at the snowman.

61p

B Uncle John 💬

How was your weekend?

Emma 💬

On Saturday it snowed, and it was a cold day.

Sam and I went out to the yard .

Uncle John 💬

Oh, what did you do?

Emma 💬

Sam helped me build a snowman.

Later, we stared at the snowman.

We were very happy .

Uncle John 💬

Sounds exciting!

PART 06 My Diary

66p

Example

Wednesday was a foggy day.

Our class was at the library.

We were reading books.

I helped my friend carry a book.

 **윤동장 사건**

초판 발행	2024년 5월 20일
지은이	마거릿 맥나마라, 성기홍, 롱테일 교육 연구소
그림	마이크 고든
책임편집	명채린
편집	김지혜
디자인	오현정, 박새롬
마케팅	두잉글 사업 본부
펴낸이	이수영
펴낸곳	롱테일북스
출판등록	제2015-000191호
주소	04033 서울특별시 마포구 양화로 113, 3층(서교동, 순흥빌딩)
전자메일	team@ltinc.net

이 도서는 대한민국에서 제작되었습니다.

ISBN 979-11-93992-04-3 13740